AF357256

CROUTON CHEF D'ÉCOLE,

ou

LE PEINTRE VÉRITABLEMENT ARTISTE,

TABLEAU EN UN ACTE, MÊLÉ DE COUPLETS,

PAR MM. THÉAULON, GABRIEL et F. DE COURCY.

REPRÉSENTÉ POUR LA PREMIÈRE FOIS, A PARIS, SUR LE THÉATRE DES VARIÉTÉS,
LE 11 AVRIL 1837.

Vous êtes Crouton? — Je m'en flatte...   (SC. XII.)

PARIS,

NOBIS, ÉDITEUR, RUE DU CAIRE, N° 5.
—
1837.

Personnages.		Acteurs.
CROUTON, peintre.	MM.	Odry.
RIGAUD, marchand de couleurs.		Rébard.
COLIBRI, rapin ; élève de Croûton.		Adrien.
STUPIDORFF, amateur de tableaux.		Prosper Goth.
FIFINE, portière ; ancien modèle	Mmes	Lecomte.
ESTHER, fille Croûton.		Esther.
Un Domestique.		
Un Garde municipal.		
Élèves en peinture.		

La scène est à Paris, chez Croûton, en 18..

Imp. J.-R. MEVREL, pass. du Caire, 54.

CROUTON CHEF D'ÉCOLE,

TABLEAU EN UN ACTE, MÊLÉ DE COUPLETS.

Un atelier de peinture ; on y voit des bras de toutes les dimensions. A droite, sur une étagère, un bras en plâtre dont la main tient une clé. L'entrée au fond, deux portes latérales, une fenêtre, un chevalet, etc.

SCÈNE I.

COLIBRI, puis ESTHER.

COLIBRI, broyant des couleurs.

J'aurais pourtant été flatté d'aller faire un tour à l'ouverture du salon, mais M. Croûton est en course, et tant que la portière ne sera pas montée faire le ménage, on ne peut pas laisser l'atelier tout seul...Quand je pense qu'un homme comme M. Croûton, depuis vingt-trois ans qu'il est dans la partie, est confondu avec de vils badigeonneurs... A quoi que je peux prétendre, moi, Colibri, ex-garçon teinturier? Ah! si ce n'était le sentiment que j'ai pris pour la fille du bourgeois, il y a long-temps que j'aurais quitté l'état de rapin... Elle est là... cette pauvre Mlle Esther, (Il va regarder par le trou de la serrure.) La voilà qui travaille près de sa fenêtre... son père a la mauvaise habitude de l'enfermer quand il sort... il faut que je lui dise un petit bonjour par le trou de la serrure. Bonjour, mamzelle Esther.

ESTHER, de sa chambre.

Mon père est donc sorti, M. Colibri ?

COLIBRI.

Il est allé donner un coup de pied au Louvre, pour savoir la réponse du juri sur son Polyphême.

ESTHER.

Je m'ennuie ici, moi.

COLIBRI.

Vous vous ennuyez mamzelle ?.. Voulez-vous que je vous chante le Postillon de Lonjumeau, pour vous amuser?

ESTHER.

Non, j'aime mieux que vous m'ouvriez la porte.

COLIBRI.

C'est que je ne suis ni un Fichet, ni un Huret... si je savais seulement où M. Croûton a mis la clé... (Il aperçoit une clé suspendue au bras de plâtre.) Tiens, en voilà une au bras de saint Pierre... si c'était celle de ma bien-aimée. (Il prend la clé.) C'est que ça m'a tout l'air de ça ! (Il l'essaie.) C'est ça ! (Il ouvre et appelle avec joie.) Mamzelle Esther! mamzelle Esther !

SCÈNE II.

COLIBRI, ESTHER, FIFINE.

FIFINE, un plumeau sous le bras et un balai à la main.

Eh bien! ne vous gênez pas! c'est du joli! ouvrir la porte de la chambre de la fille, pendant que le père est sorti.

COLIBRI, à part.

Ah! la portière.(Haut.) V'là t'il pas un grand mal !

FIFINE.

Et je suis bien sûre qu'elle était cachée cette clé.

COLIBRI.

Cachée ?... puisque je l'ai trouvée accrochée au bras de saint Pierre.

FIFINE.

Je lui en fais mon compliment, à saint Pierre...s'il ne garde pas mieux les clés du Paradis...

ESTHER.

Pouvez-vous penser. Mme Fifine...

FIFINE.

Je pense...je pense, que je me méfie de ce gaillard-là...je les connais les rapins d'atelier... c'est une graine qui pousse, qui pousse... et qui est en maturité avant l'âge.

COLIBRI.

Tenez, Mme Fifine, vous m'en voulez, et vous avez tort... car enfin, qu'est-ce que je vous ai fait?

FIFINE.

Il faudrait me demander plutôt ce que tu ne m'as pas fait?.. des niches de toute espèce, des infamies.

COLIBRI.

Tout ça date de votre bocal de prunes, que vous m'avez mis sur le dos.

FIFINE.

Comment, Satan que tu es, tu vas le renier encore! Imaginez-vous, mamzelle Esther, que l'épicier du coin m'avait donné, pour mes étrennes, un petit bocal de prunes à l'eau-de-vie, que je gardais comme mes yeux, pour avoir quelques douceurs à prendre, si jamais je devenais malade... je l'avais placé sur ma fenêtre, à l'entresol; v'là t'il pas qu'un beau matin je regarde, plus de prunes dans le bocal... plus même une seule goutte d'eau-de-vie... tout ça était remplacé par un billet attaché au bout d'une allumette.

ESTHER.

Un billet qui disait quelque chose?

FIFINE.

Un billet qui disait : « Il est défendu, sous peine de punition, d'exposer » au soleil des prunes à l'eau-de-vie! »

COLIBRI, riant.

C'est toujours pas un vol avec effraction.

FIFINE.

Tu n'as peut-être pas crevé le papier qui était dessus le bocal?.. je te conseille de rire, matin singe... que ça t'arrive encore, et les autorités en seront instruites.

COLIBRI.

Pour un ancien modèle de femme, comme vous l'avez été dans votre temps, vous comprenez bien peu les charges d'artistes.

FIFINE.

Toi... t'es un artiste?

COLIBRI.

La preuve, c'est que je vais aller voir les tableaux. Au revoir, mamzelle Esther. (A Fifine.) Sans adieu, Vénus de l'empire!

FIFINE.

Ah! tu me manqueras de respect!   (Elle le menace avec son plumeau.)

AIR : Vaudeville de l'Étude.

Sors d'ici, révolutionnaire!
Ce gamin-là sait tout oser.

COLIBRI.

Si jamais je peins la Colère,
Je vous promets d' vous fair' poser.

FIFINE.

Avec une audac' criminelle,
Il me met toujours en courroux :
J' plains ceux qui l'prendront pour modèle.

COLIBRI, sortant.

On peut en dire autant de vous.
Si je n' suis pas un beau modèle,
On peut en dire autant de vous.

(Il sort en coudoyant Rigaud, qui entre.)

SCÉNE III.

ESTHER, FIFINE, RIGAUD.

RIGAUD.

Bonjour, Mlle Esther, enchanté de vous rencontrer... je ne croyais trouver que votre père, auquel j'apporte un petit mémoire.

ESTHER, froidement.

Il est sorti, monsieur... je ne sais pas quand il rentrera...

RIGAUD.

Je l'attendrai avec plaisir, en compagnie de mademoiselle.

FIFINE, à part.

Est-ce que M. Rigaud aurait aussi des idées ?

RIGAUD.

Il me tardait de venir compter avec le cher papa, pour avoir le bonheur de saluer sa jolie fille, et de leur dire mes intentions à tous les deux.

FIFINE, à part.

J'en étais sûre.

ESTHER.

Monsieur, vous pouvez attendre mon père, si vous voulez... je ne parle jamais d'affaires en son absence... (A part à Fifine.) Restez là, entendez-vous !

FIFINE, de même à Esther.

Je vous comprends. (Haut.) Y a-t-il long-temps que nous nous connaissons, M. Rigaud ! ai-je posé devant vous, quand vous étiez peintre et que je n'étais pas portière... ce que c'est que les vicissitudes terrestres !

RIGAUD.

Parbleu! Fifine... l'ancien modèle de Girodet... qui est-ce qui ne connaît pas ça !

FIFINE.

Ah ! quand je posais Galatée! tout l'atelier était comme des Pygmalion... et, sans moi, Atala n'aurait pas vu le jour, je m'en vante... j'ai pourtant posé soixante-dix fois... M. Girodet peignait lentement... il n'allait pas comme aujourd'hui... on dirait qu'ils ont des balais à la main.

ESTHER.

Comment, Mme Fifine, cette belle Atala qui est au Musée, dans la grande galerie...

FIFINE.

C'est moi, en personne naturelle. Ah ! j'étais à la mode dans ce temps-là... nous posions tous les jours trois à la fois chez le grand maître, moi et deux hommes, le père Aubry et Chactas... je me rappelle encore leurs petits soins, leurs minauderies à mon égard !

Air de ma Tante Aurore.

Le père Aubry tendre et sincère
M' parlait toujours de son ardeur,
C'était un gros commissionnaire,
Et Chactas un ancien frotteur.
A tous les deux je savais plaire,
Mais c'est envain qu'ils soupiraient ;
Non, rien ne pouvait me distraire
Quand les beaux-arts me réclamaient.
J' posais souvent chez Girodet,
Le lend'main Guérin me r'tenait ;
C'était David qui m' dessinait,
C'était Gérard qui me peignait.
L'Ecol' française à mes attraits
D'vait ses
Succès ;
Oui mes attraits
Frais
Et coquets,
Tous les ans faisaient ses
Succès.

Pour faciliter les études,
J'allais dans tous les ateliers,
Et je prenais mille attitudes,
Devant plus d' cinquante écoliers.
Plus d' cent artistes, mes pratiques,
M'ont dit, en m'ôtant leur chapeau :
Que j' possédais les form's antiques,
Et qu'ils n'avaient rien vu d' si beau
J' posais souvent ; etc.

CROUTON, dans la coulisse.

Là, là, commissionnaire... placez là mon Polyphème... et prenez garde au vernis...

ESTHER.

C'est papa ! on dirait qu'il est en colère.

SCÈNE IV.

LES MÊMES, CROÛTON. Il entre furieux sans voir les autres.

CROÛTON.

Ah! les Vandales! les Ostrogots! les ignares!.. il n'y a plus de beaux-arts... on peut fermer le Muséum et en faire une orangerie, ou un magasin de fourrage !

RIGAUD et FIFINE.

Que vous est-il donc arrivé, M. Croûton?

CROÛTON, se calmant.

Ah ! c'est vous, vous autres? je ne vous voyais seulement pas... je suis si embêté !

ESTHER.

Eh bien ! papa, votre Polyphème?

CROÛTON.

Ne me parle plus de mon Polyphème, ne me parle plus de mes bras... ne me parle plus de rien du tout... au moment où je croyais sortir enfin de mon illustre obscurité!.. car je ne vous l'avais pas dit... j'ai fait partie du jury de peinture, tel que vous me voyez!

ESTHER.

Vous, papa?

FIFINE et RIGAUD.

Vous, M. Croûton ?

CROÛTON.

Moi-même.

RIGAUD.

Voilà du nouveau.

FIFINE.

Et comment que ça s'est donc fait?

CROÛTON.

Vous allez voir... hier, comme j'étais dans l'antichambre, attendant que mon tour vînt de présenter mon Polyphème... prenant un bain de mer à Dieppe, avec ses deux bras en l'air, une superbe marine dans laquelle il n'y a que les eaux qui ne sont pas de moi... la porte des délibérations s'ouvre... ils étaient là une vingtaine, qui parlaient tous à la fois et qui disaient mon nom... à chaque instant... Croûton, Croûton, Croûton... je crois qu'on m'appelle et j'entre... un monsieur me dit : Apportez une bûche et fermez la porte... Je prends un cotret et je ferme la porte... par amour pour les arts, je me mettrais au feu... j'y mets la bûche.

FIFINE.

Vous voilà dedans.

CROÛTON.

On me prend pour un membre du jury... et l'on se met à délibérer... je délibère comme les autres... et voilà que nous refusons des tableaux !.. mais nous en refusons! je me rappelais le temps de ma jeunesse et la manière dont j'avais été traité! aussi, pour ma part, j'en ai refusé cinq cents en deux heures !

FIFINE.

Cinq cents !

RIGAUD.

Comme vous y allez !

CROÛTON.

Nous ne prenions seulement pas le temps de les regarder... le nom de l'auteur?.. monsieur un tel... emportez-moi ça... monsieur chose... emportez-moi ça!.. enfin, on appelle mon Polyphème, et alors je me suis en allé... d'abord, par modestie... et puis, j'étais si en train de refuser les autres, que je me serais peut-être refusé moi-même.

RIGAUD.

Après?

CROÛTON.

Après? ils l'ont bien refusé sans moi, les malheureux...

ESTHER et FIFINE.

Refusé !

CROUTON.

A l'unanimité !..

RIGAUD, à part.

A la bonne heure... je disais aussi...

CROUTON.

Ce matin, quand j'ai été chercher la réponse... ils m'ont dit, à mon tour : Emportez-moi ça ! emportez-moi ça ! et j'ai encore été obligé de prendre un commissionnaire, à qui je dois neuf sous.

ESTHER.

Ah ! ce pauvre petit père !

FIFINE.

Ce pauvre M. Croûton.

CROUTON.

On me dira peut-être : Pourquoi avez-vous choisi ce sujet colossal de Polyphème, déjà esquissé par le Poussin ? je répondrai à ça que n'ayant jamais pu réussir à faire deux yeux pareils, j'ai préféré ce cyclope, parce qu'il n'en avait qu'un... je l'ai même pris après son aventure avec Ulysse, afin qu'il n'en ait pas du tout.

FIFINE.

C'était pas si maladroit !

CROUTON.

Dam ! je vous le demande... oh ! je ne dis rien, mais je rage en dedans, et ils me le paieront !

RIGAUD.

Qu'est-ce que vous leur ferez ?

CROUTON.

Ce que je leur ferai ?.. je renonce à la peinture... je brise mes pinceaux !

RIGAUD.

Oui, je conçois que cela décourage ; j'ai été peintre aussi, moi, avant d'être marchand de couleurs... ça me fait penser que je vous apportais un petit mémoire...

CROUTON.

Je ne suis pas pressé... nous verrons ça au commencement du mois... je ne paye que le 3 ou le 25.

FIFINE.

Et nous sommes au 4.

RIGAUD, à part.

Il est de mauvaise humeur... le moment serait mal choisi pour lui parler de sa fille... je reviendrai plus tard. (Haut.) Au revoir, mon cher Croûton : croyez-moi, reprenez votre brosse et faites des bras d'or...

FIFINE.

C'est ça, faites des bras d'or, faites des bras d'or... comme disait M. de Voltaire.

RIGAUD.

Sans adieu, charmante Esther.

FIFINE.

M. Croûton, je redescends à ma loge... si vous aviez besoin que je pose pour un de mes deux bras, ils ne sont pas encore trop déjetés... le droit surtout.

CROUTON.

Laissez vos bras, si vous voulez ; mais, vous, allez-vous-en !

ENSEMBLE.

AIR : Liberté chérie. (VALLÉE-DES-FLEURS.)

RIGAUD, FIFINE et ESTHER.	CROUTON.
Allons, du courage,	Non, je perds courage,
Et faites bientôt	Et j'aurai bientôt
Des bras, des bras, c'est ce qu'il vous faut.	Les bras, les bras croisés, c'est mon lot.
Ce genre d'ouvrage	Un pareil outrage
Est votre ballot.	Est plus qu'il n'en faut ;
Des bras, des bras, voilà votre lot.	Les bras, les bras, m'en tombent d'en haut

(Rigaud et Fifine sortent.)

SCÈNE V.

CROUTON, ESTHER.

ESTHER.

Allons, papa, remettez-vous.

CROUTON.

Oh! ma fille! l'injustice du siècle est bien criante pour ton père, et mes ingrats concitoyens...

ESTHER, le caressant.

Votre Esther vous consolera...

CROUTON.

Oui... tu es mon Antigone... et, si j'étais aveugle, je me peindrais en Bélisaire!

SCENE VI.

LES MÊMES, COLIBRI.

COLIBRI, accourant.

Ah! maître! maître! recevez mes félicitations... que je suis donc content de ce qui vous arrive! on vous rend donc justice, à la fin!

CROUTON.

Qu'est-ce à dire, Colibri? auriez-vous l'intention de me narguer aussi?.. de vous ficher de moi?

COLIBRI.

Me ficher de vous?

CROUTON.

Oui, vous ficher de moi... un méchant rapin! un ignoble rapin!

COLIBRI.

Comment, bourgeois! quand je sors du Musée où le nom de Croûton est dans toutes les bouches!

CROUTON.

On est indigné, n'est-ce pas? pourquoi ont-ils des préférences, des coteries?.. et qu'est-ce que tu as vu de beau au Musée?

COLIBRI.

Ce que j'ai vu? mais des tableaux... de toutes les dimensions... et des chairs... de toutes les couleurs!

AIR : On dit que je suis sans malice.

J'ai vu ce pauvre Jérémie,
Qui pendant qu'il était en vie,
Pleura tant sur Jérusalem,
Sujet neuf comme Mathusalem...
Mais dans le Salon de peinture,
Savez-vous, depuis l'ouverture,
Pourquoi l' prophète a tant pleuré?
C'est d'se voir si mal entouré.

CROUTON.

La faute à qui?.. tu n'as vu que ça?

COLIBRI.

Vous me le demandez, bourgeois! mais j'ai vu votre tableau! votre magnifique tableau!..

CROUTON.

Mon Polyphème?.. il est là, dans le corridor

COLIBRI.

Eh! non, votre Danaé!

CROUTON, très-étonné.

Ma Danaé?

ESTHER, surprise.

Sa Danaé?

COLIBRI.

Eh bien! oui, sa Danaé, qui est exposée dans le grand salon, en face de la porte, et qui arrache des cris d'admiration à tout le monde. — Comment, c'est Croûton qui a fait ça? lui qui n'avait encore rien exposé! — C'est qu'il ne voulait pas, dit un autre. — Diable! diable! disent les connaisseurs, il a fait des progrès, dans ses voyages. — Et moi je criais plus fort

qu'eux tous : Gare que je passe ! je suis son élève !.. et je me rengorgeais,
dam ! fallait voir !

ESTHER.

Qu'est-ce qui aurait dit ça, pourtant.

CROUTON.

Ah ça ! mais, ah ça ! mais, ah ça ! mais !

COLIBRI.

Et ben, c'est bon, je vous conseille de faire l'étonné.

CROUTON, à part.

C'est fabuleux ! (A Colibri.) Tu dis que tu as vu ma Danaé ? tu en es bien sûr.

COLIBRI.

Aussi sûr que mes deux yeux qui s'ouvraient comme des portes cochè-
res, d'admiration... D'ailleurs, laissez-nous donc tranquilles, vous, avec
vos malices cousues de fil blanc... puisque votre nom est au bas : CROUTON
FECIT, en lettres rouges.

CROUTON.

Y a ça ?

COLIBRI.

Vous le savez bien !

CROUTON, à part

Par exemple, voilà qui est particulier !

COLIBRI.

Sournois de bourgeois qui nous fait des mystères... à nous, à nous.

ESTHER.

C'est vrai, papa ; quand donc avez-vous fait ce tableau ? moi qui ne vous
ai jamais quitté ?

CROUTON.

Ah ! voilà ! vous ignorez comment j'ai pu le faire ! (A part.) Je le sais encore moins, si c'est possible !

ESTHER.

Vous avez donc travaillé la nuit ?

CROUTON.

Il faut croire. (A part.) En dormant ou en rêvant... je suis peut-être som-
nambule. (Haut.) Au surplus, mon enfant, il est des secrets paternels qu'une
fille doit respecter... Ainsi, Colibri, il est convenu que tu l'as vu, mais là,
bien vu.

COLIBRI.

Combien de fois qu'il faut vous le dire ?

CROUTON.

Croûton fecit.

COLIBRI.

Croûton fecit. (A Esther.) Ça l'amuse de me faire aller.

CROUTON, à part.

Allons, allons, j'en aurai le cœur net.

COLIBRI.

Quant à votre Polyphême, je sais l'aventure ; mais ne faut pas vous af-
fecter pour ça, M. Croûton... nous en ferons une exposition particulière,
comme ces autres messieurs.

CROUTON.

A la Foire-Saint-Laurent régénérée.

COLIBRI.

Ou autre part.

AIR de Préville et Taconnet.

Chassé du Louvre, il est plus d'un Apelle
Qui, sans façon, en s'exposant chez lui,
Au jugement du public en appelle,
Car le public quelquefois juge aussi,
Et s'y connaît presqu'autant qu'un juri.
Pour mainte toile au Louvre refusée,
On voit venir des flots d'admirateurs ;
Quant aux tableaux reçus, j'en sais plusieurs.
Qu'on a bien fait de placer au Musée
On n'irait pas les admirer ailleurs.
On a bien fait de les mettre au Musée :
On n'irait pas certes les voir ailleurs.

CROUTON.

Quant à moi, je vais voir ma Danaé. (A part.) Il trop juste que je fasse connaissance avec elle.

COLIBRI, le retenant.

Ah! M. Croûton, en l'honneur de votre beau tableau...

CROUTON.

Qu'est-ce que tu me veux? je suis sur le gril... je suis sur des charbons ardens!

COLIBRI.

Vous devriez bien nous marier, moi et mamzelle Esther.

ESTHER.

Oh! mon petit papa, il y a si long-temps que vous nous le promettez.

CROUTON.

Eh ben! oui, là, vous serez unis... L'artiste n'a qu'une parole...Colibri est fils d'un marchand de brosses et de cirage, il n'y a pas de mésalliance avec la peinture... mais avant d'être mon gendre, je veux qu'il soit exposé.

ESTHER, ingénûment.

Ah! papa, quand je serai sa femme, il aura bien le temps.

CROUTON.

Eh ben! c'est bon... je le veux bien. Es-tu contente?.. Mais je veux voir ma Danaé... qu'on me laisse aller voir ma Danaé.

AIR de la Chevalière d'Éon.

Oui, je veux y courir sur l'heure,
Tout en gardant le décorum;
Heureusement que je demeure
A quatre pas du Muséum.

COLIBRI.

Il est tout simple qu'un grand maître
Veuill' juger lui-mèm' de l'effet.

CROUTON, à part.

J' donn'rais bien deux sous pour connaître
Le tableau qu' j'ai soi-disant fait.

REPRISE ENSEMBLE.

(Croûton sort.)

SCENE VII.

ESTHER, COLIBRI.

ESTHER.

Danaé! Danaé... je n'y comprends rien!..

COLIBRI, sautant.

Ah! mamzelle Esther! grace à Danaé, il serait Dieu possible qu'on nous unirait matrimonialement!

ESTHER.

Ah! que j'en serais contente!.. à cause de M. Rigaud.

COLIBRI.

J'aurais cru que ça serait à cause de moi.

ESTHER.

Puisqu'il voulait me faire la cour.

COLIBRI.

Le marchand de couleurs! il aurait eu l'infamie de jeter les yeux sur vous, ô vierge de Raphaël!.. qu'il s'avise de les y jeter encore, et je le broie plus fin que vermillon!

ESTHER.

N'allez-vous pas être jaloux?.. Allons, monsieur, ne pensons qu'à notre bonheur.

COLIBRI.

Je l'ai vu au Salon, notre bonheur, dans tous les amoureux qui nous ressemblent.. Juliette et Roméo, Henri IV et Fleurette, Phébus et la Esméralda... Tenez, dans notre petit ménage, nous aurons l'air de deux portraits sous le même numéro, et de deux jolis portraits encore... mettez votre figure à côté de la mienne.

ESTHER.

Je voudrais bien aussi aller au Salon voir la Danaé de mon père, et toutes les belles choses qu'il y a.

COLIBRI.

Et vous ferez bien ; car, voyez-vous, je n'ai pas voulu le dire devant le bourgeois, mais il y a de belles choses.

Air du Premier Prix.

Dans notre Salon de peinture,
Pour les arts, regrets superflus,
Tout du temps atteste l'injure,
David, Gros, Gérard, n'y sont plus :
Mais, réalisant l'espérance
Que maint chef-d'œuvre nous donna,
La jeune Ecole prouve en France,
Que le génie est toujours là !

SCÈNE VIII.

LES MÊMES, FIFINE.

FIFINE, entrant.

Qu'est-ce qu'il a donc, M. Croûton ? il est parti comme un fou. J'ai eu beau lui crier : M. Croûton ! M. Croûton ! la quittance du loyer... ça le faisait courir encore plus vite.

COLIBRI.

La quittance du loyer !... est-ce qu'il faut jamais parler de çà à un véritable artiste, et surtout à un artiste qui va voir son tableau, sa Danaé.

FIFINE.

Danaé, je connais ça... quand j'aurai fini mon ouvrage, j'irai faire un tour par là. (Cherchant à se rappeler.) Voyons donc, j'ai posé pour Flore, j'ai posé pour Junon, pour Psyché, pour Terpsychore, la danseuse... Ah ! Terpsychore !.. c'est que j'aimais tant la danse... ça m'allait si bien !

COLIBRI.

C'est comme moi ! Dieu ! quel danseur ! Aussi, à notre mariage, mamzelle Esther...

Air de la Cachucha.

Après le gala ,
Mon amour précoce
Veut ouvrir la noce
Par la cachucha ;
C'est un pas charmant,
Il est à la mode,
Et surtout commode
Pour le sentiment.

ESTHER.

L'aimable danse !
Ah ! comme ce jour là ,
Pour la cadence
Mon cœur s'élancera !
Douce espérance ,
Gentille cachucha,
Ah ! quand j'y pense ,
J'y crois être déjà !

ENSEMBLE.

Après le gala , etc.

(Fifine jette son balai et danse la cachucha avec eux.)

CROUTON, en dehors.

Ah ! c'est trop pour un jour !

FIFINE.

V'là M. Croûton qui revient !.. je vas faire sa chambre.

(Elle entre dans la chambre à gauche.)

SCÈNE IX.

COLIBRI, ESTHER, CROUTON

CROUTON, en chantant.

Ah ! mes amis !

CL COLIBRI.

Eh ben! bourgeois?

CROUTON.

C'est délirant, c'est exorbitant de succès et de gloire!... assez de gloire comme ça... je demande quartier pour la gloire... mes nerfs raphaéliques ne peuvent pas y suffire!

ESTHER.

Qu'avez-vous donc, papa?

CROUTON.

Ce que j'ai?... j'ai de la renommée par-dessus la tête... je suis assassiné par ma renommée!.. Je l'ai vu ce tableau... c'est-à-dire, mon tableau... il est bien... oh! ça je ne peux pas dire le contraire... (S'oubliant.) L'auteur serait là... (A part, se reprenant.) Eh bien! qu'est-ce que je?.. (Haut.) Les bras surtout! le bras de Danaé, qui soutient sa petite tête... et le bras de l'autre qui verse la pluie d'or. Du reste, Colibri avait raison... CROUTON FECIT.

COLIBRI.

N'est-ce pas que ça y est?

CROUTON.

Ça y est... je ne me souvenais pas de l'avoir signé... Et une foule autour!... une queue!... une cohue!... encore plus que devant Monsieur de Laroche... il n'est plus question de Laroche, il n'est plus question de Lacroix!... il n'est plus question de Gudin... de Picot... de Scheffer... il n'y a plus qu'un peintre au monde, moi!.. moi! Crouton! Enfin, j'y ai laissé un pan de mon habit.   (Il montre le pan déchiré.)

ESTHER.

Avec une reprise, il n'y paraîtra plus.

CROUTON.

Et le morceau, où le retrouver?... je suis sûr qu'à l'heure qu'il est, ils se le disputent entre eux, les fanatiques!

COLIBRI.

Comme la redingote de Napoléon.

CROUTON.

Je suis dans le livret!... je l'ai loué à la porte, vingt-cinq centimes... imprimé tout vif... M. Croûton, UNE DANAÉ, rue des Beaux-Arts, nº 1866. Et puis les femmes qui me suivaient, et les beaux messieurs qui me montraient au doigt... Tenez, tenez, le voilà... c'est Croûton... l'auteur de la Danaé. Moi, je profitais de ça pour distribuer des adresses.

COLIBRI.

Et avez-vous trouvé quelque chose de bon, au Salon, après vous?

CROUTON.

C'est bien mêlé, bien mêlé. Allons, ma fille, va broder ton bonnet de mariée, et toi, Colibri, va garnir ma palette. Laissez-moi à mes méditations artistiques!

COLIBRI, en s'en allant.

Dites donc, mamzelle Esther, votre bonnet de mariée!

                    (Il sort. Esther entre dans sa chambre.)

SCÈNE X.

CROUTON, seul.

Je veux être pendu... dans le grand salon, à la place d'un tableau quelconque, si je comprends rien à ce qui m'arrive en 1837... En voilà une situation de peintre d'enseignes devenu peintre d'histoire : Je fais un Polyphème, je le présente à messieurs du jury, il est refusé, bon... je ne fais pas de Danaé... je ne présente aucune espèce de Danaé... elle est reçue, très bien!.. j'ai beau chercher dans ma tête quand j'aurais fait ce merveilleux tableau... je suis comme ma fille... impossible de deviner... après tout, je serais bon enfant de me tracasser pour ça... a-t-il de l'agrément, le tableau?.. oui... vous voulez qu'il soit de moi? il est de moi... si je ne l'ai pas fait, une supposition... j'aurais pu le faire... ainsi ça revient au même. je ne me sens pas le courage de réclamer.

SCÈNE XI.
CROUTON, COLIBRI.

COLIBRI, accourant.

Ah! maître! voilà le commencement de la gloire!.. Un milord allemand qui vient pour vous acheter des tableaux.

CROUTON.

Un milord allemand!

COLIBRI.

Oui, un prince étranger; qui porte sur sa poitrine d'homme autant de décorations qu'il y en a dans les coulisses de l'Opéra!

CROUTON.

Et tu lui fais faire antichambre, animal!

COLIBRI.

Entrez, mon prince!

SCÈNE XII.
LES MÊMES, STUPIDORFF.

STUPIDORFF.

Air : J'ons un curé patriote.

Musique, littérature,
Moi je suis vos étendards!
Mais j'adore la peinture,
Car c'est le premier des arts;
Des grands peintres, je suis fou,
Partout je leur saute au cou,
Je suis fou,   (bis.)
Oui, des peintres je suis fou.

Vous êtes Croùton?

CROUTON.

Mais je m'en flatte...

STUPIDORFF.

Moi, je suis le prince Stupidorff... (Faisant son tic.) Breck!.. le plus grand amateur de tableaux des quatres parties du monde...

CROUTON.

Mon prince! nous fraternisons!   (Il lui donne une poignée de main.)

STUPIDORFF.

Ainsi, c'est vous!.. Il y a bien long-temps que je vous cherche, homme pyramidal! vous faites comme le vrai génie, vous vous cachez, et vous faites bien! breck!..

COLIBRI.

Tiens, le prince qui a un tic... j'ai vu un homme à Charenton qui avait un tic comme ça.

CROUTON.

Sortez, Colibri... laissez-moi seul avec mon prince.

COLIBRI.

Mais bourgeois...

CROUTON, avec dignité.

Sortez!..   (Colibri sort.)

SCÈNE XIII.
CROUTON, STUPIDORFF.

CROUTON.

Je vois que j'ai celui de parler à un fameux amateur de peinture.

STUPIDORFF.

Oh! je coucherais dans les ateliers... je prendrais mes quatre repas au Muséum... ainsi que le soldat qui se vante d'être monté le premier à l'assaut, je vous dirai, moi : Je suis entré le premier au Salon de 1837, et je n'en veux plus sortir.

Air : Contredanse du Postillon de Lonjumeau.

Ah! quels tableaux!   (bis.)
Qu'ils sont beaux!
Partout des chefs-d'œuvre nouveaux.
Ah! c'est charmant!   (bis.)

> Oui vraiment,
> Tous nos peintres ont du talent.

> Voilà cent combats pour Versailles,
> En vérité chez les Français,
> On n'a jamais vu tant d' batailles
> Que d' puis qu'on est en temps de paix.

> Ah! quels tableaux etc.

CROUTON.

> Devant Arnal, je me prosterne,
> Mais quel est donc ce nouveau saint?
> C'est le dieu du roman moderne
> Sous la robe d'un capucin!

> Ah! quels tableaux etc.

STUPIDORFF.

> J'ai découvert un seul Achille,
> Qui m'a paru bien en retard,
> Plus loin j'ai vu sainte Cécile,
> Jouant sur un piano d'Erard.

> Ah! quels tableaux etc.

CROUTON.

Maintenant, mon prince, pourrais-je savoir ce qui me procure l'honneur et l'avantage?..

STUPIDORFF.

L'ambition de connaître un phénomène tel que vous, et le désir de savoir où vous avez pris votre Danaé... parlez, répondez... breck!

CROUTON, à part.

Je serais bien embarrassé de lui répondre.

STUPIDORFF.

Et dites-moi, homme supérieur! comment avez-vous pu laisser si longtemps dans l'oubli une pareille merveille?.. quand je pense que c'est au hasard seul que je dois cette découverte!

CROUTON, à part.

Absolument comme moi.

STUPIDORFF.

Je passais sur le quai de la Ferraille... Des tableaux, de la vaisselle, des bouquins, et des chandeliers, étaient étalés, çà et là, avec des casseroles et des fers à papillottes... une toile à demi-roulée gisait sur le pavé... je la déroule avec le pied, et je vois une tête ravissante!.. Combien cette toile? dis-je au marchand. Soixante-quinze centimes, me dit-il. Je paie comptant et j'emporte. Arrivé chez moi, je déroule tout-à-fait, et je tombe à genoux, foudroyé d'admiration... car cette toile, c'était votre Danaé... CROUTON FECIT!... Aussitôt, le tableau est restauré, verni, placé dans une bordure gothique qui m'a coûté mille écus, et quinze jours après, le voilà livré à l'enthousiasme national, qui vous proclame, vous, Croûton, le plus grand peintre de l'époque, le Raphaël de 1837, comme Raphaël était lui-même le Croûton de l'antiquité... breck!

CROUTON.

Comment, mon prince, c'est à vous que le Musée doit l'envoi de mon immense tableau?

STUPIDORFF.

Oui, oui, et j'en suis fier... puisque cela m'a mis en rapport avec son illustre auteur, et m'aidera peut-être à trouver un objet charmant, qui est indispensable au repos de ma vie!

CROUTON, à part.

Ça se complique de plus en plus.

STUPIDORFF.

Oui, grand artiste! je vous dois un aveu! j'ai une passion qui me mine, qui me brûle, qui me dévore.

CROUTON.

Je ne hais pas les gens passionnés...

STUPIDORFF.

Je suis fou de votre Danaé! en peinture et en nature!.. et je veux que vous me présentiez la femme adorable qui vous a servi de modèle!..

CROUTON, à part.

Eu voilà encore une bonne !

STUPIDORFF.

C'est peut-être une faiblesse... mais je n'en dors ni jour, ni nuit... il faut que je la trouve ou je mourrai de langueur... oh ! vous me la trouverez, n'est-ce pas ? dites que vous me la trouverez... breck !

CROUTON.

Oui, mon prince, nous la trouverons. (A part.) Si je sais où la prendre, que le diable m'emporte !

STUPIDORFF.

Oh ! alors, votre fortune est faite ! vous me suivrez en Allemagne, dans ma principauté... vous peindrez ma grande galerie d'un quart de lieue.

CROUTON.

A l'huile ?

STUPIDORFF.

Je veux y faire figurer toute la race des Stupidorff, et montrer à l'empereur, quand il fera sa ronde triennale, tous les bras de ma famille qui seront au service de la sienne.

CROUTON.

Des bras ! ça rentre dans mon genre... voyez ces échantillons.

STUPIDORFF.

En effet, voilà des bras d'une force...

CROUTON.

De la première force... tenez... le serment des trois Suisses, et, en pendant, le serment des trois Horaces...

STUPIDORFF.

Je ne vois ni les Horaces, ni les Suisses.

CROUTON.

Vous voyez leurs six bras... le grand talent du peintre est de laisser toujours quelque chose à désirer.

STUPIDORFF.

Je les achète... Ah ! mon Dieu ! voilà une main qui a six doigts !

CROUTON.

Les cinq doigts et le pouce... c'est une commande ; on est forcé quelquefois de sacrifier la nature au caprice des amateurs.

STUPIDORFF.

Je l'achète aussi.

CROUTON.

Ici, un bras d'enfant... et, plus haut, un bras de mer...

(Il montre une marine.)

STUPIDORFF.

J'achète tout ça, tout ça... et je vous laisse pour aller à une vente de tableaux ! votre fortune est faite, entendez-vous ? votre fortune est faite.

CROUTON.

Votre adresse, mon prince ?.. j'ai besoin de vous revoir.

STUPIDORFF.

A Montmartre, à la maison Blanche, un petit château sur la hauteur, qui est rempli de princes et de princesses ; ainsi, je compte sur vous, je verrai cette beauté incomparable !

CROUTON.

Si je la vois, vous la verrez.

STUPIDORFF.

Air : Valse de Strauss.

Le tourment que j'endure
Finira quelque jour ;
J'aurai, mieux qu'en peinture,
L'objet charmant de mon amour.

CROUTON.

Que l'espoir vous rassure ;
Vous pourrez un beau jour,
Avoir mieux qu'en peinture,
L'objet charmant de votre amour

(Stupidorff sort.

SCENE XIV.

CROUTON, puis COLIBRI.

CROUTON.

Ma fortune! ma fortune!

COLIBRI, accourant.

Bourgeois! bourgeois! en voilà bien d'une autre.

CROUTON.

Qu'est-ce, Colibri?

COLIBRI.

Des élèves qui vous arrivent, en veux-tu en voilà.

CROUTON.

En fait d'élèves, je n'ai que toi.

COLIBRI.

Jusqu'alors; mais v'là qu'il vous en vient de tous les côtés... sur la réputation de votre chef-d'œuvre.

CROUTON.

Fais-les entrer, Colibri... attends, attends une minute... je ne peux pas donner leçon avec un pan déchiré... je vais passer ma blouse et mon bonnet grec; la blouse est le costume du génie.   (Il entre à gauche.)

SCENE XV.

COLIBRI, LES ÉLÈVES EN PEINTURE, puis CROUTON.

CHOEUR.

AIR du Commis et la Grisette

Chacun de nous à l'atelier,
Vient travailler
Rire
Et s'instruire;
Devant Crouton, prosternons-nous,
Amis, c'est notre maître à tous.

COLIBRI.

De bouche en bouche son nom vole,
Si quelqu'un doute que Croûton,
Dans la peinture a fait école,
Qu'il fasse le tour du Salon.

CHOEUR.

Chacun de nous à l'atelier, etc.

COLIBRI, montrant Croûton qui entre avec une blouse bariolée de taches de couleur.

Messieurs, voici le maître.

CROUTON.

Bonjour, mes enfans, bonjour, enchanté de votre confiance... Colibri, as-tu dit à ces messieurs que j'enseigne le dessin en une seule leçon?

TOUS LES ÉLÈVES.

Une seule leçon!

COLIBRI, aux élèves.

Seulement, on est tenu de payer un mois d'avance.

CROUTON.

Ceux qui veulent payer deux mois, ont la même facilité.

COLIBRI.

Vous entendez, messieurs, ainsi ne vous gênez pas.

CROUTON.

Je dois prévenir aussi, que chez moi, on ne commence ni par le nez... on ne commence ni par les oreilles; mais bien par ceci. (Il étend un bras.) Et ici, vous y avez la main... étudiez mes bras, mes enfans, et la gloire vous ouvrira les siens.

COLIBRI, à qui un élève vient de parler.

Je vais distribuer des modèles à mes nouveaux camarades... Ah! bourgeois, voilà un commençant qui dit qu'il dessine déjà d'après l'antique.

CROUTON.

Jeune homme, vous dessinez d'après l'antique?... (A Colibri) Faites monter la portière.

COLIBRI, appelant au fond.

Mme Fifine! Mme Fifine!

CROUTON.

Allons, la vieille, allons!

FIFINE, à la porte.

Voilà!

SCENE XVI.

LES MÊMES, FIFINE, plusieurs lettres à la main.

CROUTON.

Fifine, posez pour votre bras gauche ou votre bras droit, à volonté...
(Aux élèves.) Le bras droit c'est cinquante sous, et le gauche dix-huit, vu
qu'il est un peu défectueux...

FIFINE, à Crouton.

Est-ce celui de dix-huit ou celui de trente?

CROUTON.

Il n'y a pas ici de bras à trente sous, c'est deux francs cinquante. (Bas à
Fifine.) Vous savez bien qu'il y a vingt sous pour moi, grosse bête. (Les élèves
se sont assis et se mettent à dessiner sur des album; Croûton en levant le bras de Fifine, aperçoit les lettres qu'elle tient à la main.) Qu'est-ce que c'est que tout ça?

FIFINE.

Tiens, et moi qui oubliais... c'est des lettres pour vous, M. Croûton.

CROUTON, les prenant.

Donnez et posez...

COLIBRI, regardant les lettres.

Tiens! y en a de toutes couleurs et de toutes grandeurs.

CROUTON.

Franches de port! bon! (Il lit successivement plusieurs lettres.) Hum! hum!
hum! «Monsieur... faire mon portrait.» (Parlant.) Colibri, une commande!

COLIBRI, étonné.

Vrai?

CROUTON, lisant.

Hum! hum! hum! « Un tableau d'histoire. » (A Colibri et aux élèves.) On
me demande un tableau d'histoire.

COLIBRI.

Oh!

CROUTON, ouvrant une troisième lettre.

Hum! hum! hum! « Un paysage. »

COLIBRI.

Un paysage aussi.

CROUTON.

Il paraît que je peins tout... des commandes pour la Russie, des commandes pour l'Angleterre, des commandes pour l'Italie... Hein? comme
ça mousse! comme ça mousse... me voilà maintenant chef d'école!

SCÈNE XVII.

LES MÊMES, UN GARDE MUNICIPAL.

LE GARDE, au fond.

M. Croûton?

COLIBRI.

Tiens, un municipal, à c'te heure.

CROUTON, effrayé.

Un garde municipal dans mon domicile, dans mes ateliers!...

LE GARDE.

C'est une lettre, de la part de la rue de Grenelle.
(Il remet la lettre sous enveloppe, à Croûton qui la lit tout bas.)

FIFINE, qui pose toujours.

Bel homme, tout d' même, le municipal, il aurait fait un fier modèle...
je me souviens que j'ai posé dans le temps avec un sapeur-pompier...

CROUTON, qui a lu tout bas.

Ah! pour le coup... Ah! ben non! je n'en suis plus... (Il tombe en faiblesse.)

COLIBRI, accourant.

Eh ben! eh ben! soutenez-le, soutenez-le!
(Les élèves se lèvent et entourent Crouton; Fifine cesse de poser.)

COLIBRI.

Voulez-vous respirer un peu d'essence?

(Il va chercher une bouteille, et la fait respirer à Croûton.)

CROUTON, faisant la grimace.

Ah! c'est de la térébenthine! c'est égal, respirons ferme... Ah! c'est trop fort!

COLIBRI.

Je crois bien... Mais qu'est-ce qu'il y a donc?

CROUTON, lui passant la lettre.

Tiens, lis, je n'ai pas la force de parler... le ministre, monsieur le ministre de l'intérieur qui m'invite à dîner, sous son couvert!..

(Il montre l'enveloppe.)

FIFINE.

Pas possible!

COLIBRI.

C'est pourtant vrai.

CROUTON.

En voilà donc un qui encourage les arts... (A Colibri.) Qu'est-ce que tu veux? j'irai... je ne peux pas faire autrement.

FIFINE.

Dites que M. Croûton ira demain, manger la soupe de son excellence.

CROUTON.

Dites à son excellence que j'irai manger son excellente soupe. (A lui-même.) Et je profiterai de l'occasion pour demander la croix.

FIFINE, au garde.

Attendez! je tiendrai la bride de votre cheval.   (Elle sort avec le garde.)

COLIBRI, se prosternant.

Ah! maître! maître!   (Il baise le pan de son habit.)

CROUTON, aux élèves.

Mes amis!.. pas de faiblesse... il faut être à la hauteur de sa position... (A lui-même.) Ah ça! mais voyons donc, voyons donc! est-ce que la Danaé? elle doit être de moi... le ministre m'invite, elle est de moi. (Aux élèves.) Mes enfans, vous voyez où mène le mérite... que ceci vous serve d'exemple, et en réjouissance de ce qui m'arrive, je vais vous chanter la ballade du peintre véritablement artiste.

Air de Plantade.

Depuis que j'me suis mis artiste,
C'est uniqu' comm' j'ai des succès;
N'y a pas d'ouvrage qui m' résiste,
Je suis le vrai peintre français.   (bis.)
Les Gérard, les Gros, les Horace,
Ont un bon p'tit genr' de talent,
Mais moi, n'y a pas d' genre qui fasse,
J' les risque tous inclusivement.   (bis.)

Je m'adonne avec la même facilité à la colle, à l'essence, à l'huile, au vernis, et même à l'encaustique quand ça se trouve.

Aussi quand je parl' de la peinture,
Ça me tortille la figure...
Superbe art, art fameux!
Ça me met tout en feux,   (bis.)
Depuis la plant' des pieds jusqu'à la point' des ch'veux!

(Les élèves reprennent le refrain.)

Faut voir comm' ma propriétaire
Rend bien justice à mon talent;
J' l'ai peinte ainsi qu' madam' sa mère,
J'ai peint son chat et son enfant.   (bis.)
J'ai peint aussi sa cuisinière,
Son frotteur et puis son portier,
Bref, j'ai peint la maison entière,
Y compris même l'escalier.   (bis.)

Oh! quand j'y suis, je ne me connais plus... je suis coloriste, je m'abreuverais de couleurs! j'en mangerais sur mon pain!

Aussi quand je parl' de la peinture etc.

(Les élèves reprennent le refrain.)

CROUTON, aux élèves.

Mes enfans, la séance est levée. Je vous donne campo pour retourner au Salon et entretenir la foule devant ma Danaé... allez, mes amis... poussez ferme... en avant la camaraderie, la courte échelle... quelques bons coups de poing ne feraient pas de mal au tableau... allez, mes dignes condisciples!

COLIBRI, passant près des élèves et les prenant à part.

Oh! une idée qui me vient... il faut lui décerner un triomphe. dans le genre de celui de Musard au fameux bal du Mardi-Gras.

COLIBRI et TOUS LES ÉLÈVES.

Chacun de nous à l'atelier, etc.

(Tout le monde sort.)

SCENE XVIII.

CROUTON, seul.

Des élèves! des commandes! des invitations!.. Ah ça! il n'est pas possible, le tableau est de moi... décidément, il est de moi. (Fixant les yeux sur un buste en plâtre.) Tu en as menti! il est de moi!.. tu as beau me regarder!

SCENE XIX.

CROUTON, RIGAUD.

RIGAUD, arrivant.

C'est une horreur! une infamie! c'est un vol manifeste!

CROUTON.

Encore un enthousiaste... ça devient fatigant... tiens! c'est l'ami Rigaud. Oh! Rigaud! vous voyez le bonheur en chair et en os... tout m'arrive aujourd'hui comme une bénédiction!

RIGAUD.

Parbleu! je le crois sans peine!

CROUTON.

Sans la moindre peine... avez-vous vu ma Danaé?

RIGAUD, avec ironie.

Votre Danaé!

CROUTON.

Vous ne saviez pas que j'avais fait une Danaé?

RIGAUD.

Justement, je viens vous dire que ce n'est pas vous qui l'avez faite.

CROUTON, reculant.

Ce n'est pas moi! allons donc, il veut me faire poser... et d'ailleurs qu'en savez-vous?

RIGAUD.

Je dois en savoir quelque chose, puisque c'est mon ouvrage.

CROUTON.

Vous dites que vous êtes l'auteur de mon tableau... vous!

RIGAUD.

Oui, moi!

CROUTON.

Allons donc! vous me faites trop rire... Une simple chose... pourquoi donc avez-vous mis mon nom au bas?.. ah! je vous y prends... vous êtes donc un faussaire!.. la loi punit les faussaires.

RIGAUD.

Eh! ce n'est pas moi : c'est toute une histoire.

CROUTON, souriant.

Oui, une histoire ou un conte.

RIGAUD.

Vous savez qu'avant d'être marchand de couleurs. j'ai été peintre.

CROUTON.

C'est-à-dire vous avez essayé... enfin tout le monde ne perce pas.

RIGAUD.

Oh! j'étais peintre dans l'ame! à vingt ans, dans ma mansarde. après cinq ans de travail et l'étude des modèles... les femmes surtout... c'est amusant... j'étais le Dubuffe de mon temps... enfin. j'étais parvenu à faire une superbe Danaé.

CROUTON.

Oui, sans bras... d'ailleurs, c'est un sujet historique qui appartient au premier venu... les Danaé sont tombées dans le domaine public.

RIGAUD.

Quelle touche! quelle vigueur! comme ce temps orageux faisait bien ressortir ce corps de femme, si beau! si poétique! c'était une création! je croyais avoir fait un chef-d'œuvre.

CROUTON, avec ironie.

N'en fait pas qui veut.

RIGAUD.

Ça ne ressemblait en rien à ce qu'on faisait alors... c'était travaillé... comme on travaille aujourd'hui.

CROUTON.

Eh ben?

RIGAUD.

Je fis porter mon tableau chez Girodet, jaloux d'avoir son suffrage; par malheur, ce peintre avait fait aussi une Danaé... une Danaé classique.

CROUTON.

Girodet aussi? (Haussant les épaules.) Tout le monde s'en mêle; il n'y a plus d'enfans!

RIGAUD.

En voyant la mienne, il prit son pinceau et il écrivit au bas...

CROUTON.

Son nom?

RIGAUD.

Non, il écrivit: CROUTON FECIT.

CROUTON.

Oh! le flatteur! le flatteur!

RIGAUD.

Découragé... humilié! je vendis mon tableau quinze francs à un brocanteur des rues, et je me mis dans le commerce.

CROUTON.

Quinze francs, c'est un beau placement... mais il est sans façons, Girodet, de prendre ma signature. (Faisant le geste d'écrire.) CROUTON FECIT, allez!.. Ah ça! il croyait donc votre Danaé digne de moi?

RIGAUD.

Il la regardait comme une croûte, le nom de Croûton était passé en proverbe pour dire un devant de cheminée.

CROUTON, à lui-même.

Est-il vexé, ce pauvre Rigaud!

RIGAUD.

Mais le genre a changé, et mon temps sombre et noir, mes chairs pâles, mes formes nature, sont devenues autant de beautés... aussi, ce matin, en vous quittant, sur le récit pompeux d'une Danaé, qui attirait tous les regards, je me rendis au Salon, où j'avais juré de ne plus remettre les pieds, et, du premier coup d'œil, je reconnus mon ancien chef-d'œuvre.

CROUTON, élevant la voix.

Il faut des preuves!

RIGAUD.

J'en aurai.

CROUTON.

Vous ne serez pas cru sur votre déposition, et Girodet est décédé.

RIGAUD.

J'ai des témoins, des amis... qui vivent encore et qui vous confondront.

CROUTON.

Mais Rigaud, vous voulez donc me donner le coup de la mort? vous ne savez donc pas que votre tableau m'a procuré des élèves, des commandes? vous ne savez donc pas que je suis invité à dîner chez le ministre de l'intérieur, toujours à cause de votre immense tableau, et que je ne suis pas éloigné de faire ma fortune et de demander la croix?

RIGAUD.

Raison de plus pour que tout ça me revienne.

CROUTON.

Égoïste!... mais enfin, mon petit Rigaud, est-ce qu'il n'y aurait pas moyen de s'arranger... voyons... Rigaud... Rigaud... je te tutoie... des fois, on fait des vaudevilles à trois... qu'est-ce qu'empêche de faire un tableau à deux ?

RIGAUD.

L'ouvrage est fini, je n'ai pas besoin de collaborateur.

CROUTON.

Ce n'est pas une raison... Eh bien ! écoute, Rigaud, ne dis rien, nous partagerons le pécuniaire comme une paire d'amis.

RIGAUD.

Ce n'est pas de l'argent que je veux, c'est mon nom, ma gloire.

CROUTON.

Rigaud, vous êtes un féroce... je ne vous tutoie plus !

RIGAUD.

Il y aurait une seule chose...

CROUTON.

Une seule chose ?.. demande-moi tout... je te tutoie encore.

RIGAUD.

Non, vous ne voudrez pas... depuis long-temps j'aime votre fille, j'étais même venu ce matin pour vous la demander, mais j'ai su depuis que vous l'aviez promise à un autre.

CROUTON, enchanté.

Ma fille !.. il ne te faut que ça ? (Appelant.) Esther !

RIGAUD.

A ce prix, je garderais le silence ; mais vous êtes engagé.

CROUTON.

Tu vas voir comme je me gêne pour me dégager... l'artiste n'a qu'une parole. (Appelant.) Esther ! Esther !

SCÈNE XX.
Les Mêmes, ESTHER.

ESTHER, sortant de sa chambre.

Mon petit père ?

CROUTON.

Ma fille, voici M. Rigaud... que je vous ordonne de considérer... comme votre futur mari.

ESTHER.

Mais papa, vous avez dit ce matin...

CROUTON.

Silence ! ma fille ! c'est comme si tous les notaires de Paris y avaient passé.

ESTHER, pleurant.

Oh ! mon Dieu ! mon Dieu ! ce pauvre Colibri !

RIGAUD.

Voilà ce qui s'appelle parler.

CROUTON.

L'artiste n'a qu'une parole... touche-là et retouche-là... je te tutoie définitivement !

AIR de la Chaise cassée (MUSARD.)

Sans adieu, mon cher gendre,
Je vous accorde sa main,
Je n' vous f'rai pas attendre,
Vous l'épouserez demain.

RIGAUD.

Enfin, je s'rai son gendre,
D'Esther j'aurai donc la main.
On n' me fait pas attendre,
Je l'épouserai demain.

ENSEMBLE.

ESTHER.

Ah ! que viens-je d'entendre,
Il veut lui donner ma main ;
Voilà le second gendre
Qu'il a depuis ce matin.

(Rigaud sort.)

SCENE XXI.

CROUTON, ESTHER, STUPIDORFF.

STUPIDORFF. Il est très pâle.

Breck !... c'est encore moi.

CROUTON.

Qu'avez-vous donc, mon prince, vous êtes rouge comme un coq ?

STUPIDORFF.

Eh bien ! l'avez-vous trouvé ?... notre divin modèle ?

CROUTON, à part.

Ah ça ! il croit que je l'ai dans ma poche ?

ESTHER, à elle-même.

Il a un drôle de nez, ce monsieur là !

STUPIDORFF.

Avant de vous connaître, je l'avais fait mettre dans les Petites-Affiches, avec une récompense honnête de dix mille francs... j'en viens, personne ne s'est présenté.

CROUTON.

Dix mille francs, c'est pourtant bien honnête !

STUPIDORFF.

Ce n'est rien que ça... je veux l'épouser !

CROUTON.

L'épouser, le modèle ?

STUPIDORFF.

Je veux en faire la princesse d'Hilburgausen !.. Breck !.. (Il se retourne et aperçoit Esther.) Quelle est cette jolie enfant ?

CROUTON.

Cette jolie enfant, mon prince, c'est ma fille, ma pure fille, pur sang des Crouton ! modèle de toutes les vertus et de tous mes tableaux !

STUPIDORFF, vivement.

De tous vos tableaux ! (Contemplant Esther.) En effet ! oui !.. c'est-elle ! je la reconnais !

CROUTON.

Qui, elle ? mon prince ?

STUPIDORFF.

Eh ! notre Danaé !... vous ne me le disiez pas !...

CROUTON, à part.

Il la reconnaît ! (Frappé d'une idée.) Oh ! qu'est-ce que je risque ! (Haut.) Eh bien ! je vous le dis, je suis franc, c'est-elle, c'est bien elle. (A Esther.) Ma fille, saluez mon prince.

ESTHER.

Mais papa...

CROUTON, bas.

Silence, tu seras princesse !

STUPIDORFF.

Oui, voilà ma déesse ! mon amour, ma passion !.. mon idée fixe !...
                              (Il s'approche d'Esther.)

CROUTON, à part.

Le fait est que si c'est moi qui ai fait le tableau, c'est-elle qui a posé.

STUPIDORFF, près d'Esther.

Breck !

ESTHER.

Il me fait peur !

STUPIDORFF.

Danaé ! Danaé ! laisse-moi te contempler... oh ! oui, elle est jolie, bien jolie !

CROUTON.

J'ai fait mon possible... tenez, ces deux bras... Levez les bras, Esther.

STUPIDORFF.

Mon cher artiste !

CROUTON.

Mon prince !

ESTHER, à part.

Sont-ils drôles, tous les deux.

STUPIDORFF.

Dites un mot et je me regarde comme le plus heureux des princes de la confédération germanique.

CROUTON.

Un mot, mon prince? soufflez-le moi.

STUPIDORFF.

J'aime! j'adore votre fille... accordez-moi sa main.

ESTHER.

Qu'entends-je?

CROUTON, bas.

Silence! (Haut.) Mon prince, je vous l'accorde en légitime mariage... l'artiste n'a qu'une parole... demain, venez dîner avec moi, je vous montrerai mon dernier tableau et nous casserons la croûte.

STUPIDORFF.

Ainsi vous me l'accordez!   (Musique et acclamations au dehors.)

VOIX, dans la coulisse.

Vive Croûton! vive Croûton!

(L'orchestre joue en sourdine jusqu'à la fin de la scène l'air du triomphe de la **MUETTE**.)

STUPIDORFF, CROUTON et ESTHER.

Vive Croûton?

CROUTON, allant voir au fond.

Quelles sont ces acclamations?

STUPIDORFF.

Et cette musique harmonieuse? breck!

CROUTON, qui regarde à la cantonnade,

Tous mes élèves, chargés de lauriers, de palmes et de couronnes d'or... on dirait d'un triomphe qui se prépare... ah! je vais avoir encore une attaque de nerfs!...

SCENE XXII.

LES MÊMES, COLIBRI, tenant à la main une couronne de papier doré, LES ELÈVES, portant des palmes et des branches de lauriers, puis RIGAUD.

CHOEUR.

AIR : Honneur, honneur et gloire. (MUETTE DE PORTICI.)

Honneur au grand artiste,
Honneur cent fois honneur!
Croûton rien ne résiste
A ton talent vainqueur!

CROUTON, ému

Mes amis, mes enfans... qu'est-ce que vous me voulez? me voilà... Eh ben! voyons, couronnez-moi... abîmez-moi de palmes et de lauriers.

COLIBRI, lui présentant la couronne.

Bourgeois, recevez par mes mains de tous vos élèves la récompense nationale qui était due à votre Danaé.   (Colibri lui pose la couronne sur la tête.)

CROUTON.

Enfonce, enfonce, Colibri... ça me va-t-il bien?

COLIBRI.

Non contens de ça, nous venons vous chercher, comme Mazaniello, pour vous porter en triomphe AU VEAU QUI TETTE.

CROUTON.

Un banquet aussi!

STUPIDORFF.

J'en suis! c'est moi qui paie!

CROUTON.

O Danaé! Danaé! tu m'en fais trop!.. j'accepte mes enfans! et à mon tour, je vous invite tous au mariage de mon Esther avec le prince Stupidorff... le père des artistes.

RIGAUD, qui a paru au fond pendant ces derniers mots; à part.

Eh bien! voilà du nouveau!

COLIBRI, étonné.

Qu'est-ce que vous dites donc là, M. Croûton?

CROUTON.

Silence, rapin!

UN ÉLÈVE.

Maître... vos élèves demandent la faveur de vous porter sur leurs épaules!

CROUTON.

Ça me paraît juste et naturel!　　　(Les élèves le hissent sur leurs épaules.)

COLIBRI, à part.

Moi qui venais de lui arranger un triomphe!

RIGAUD.

Moi qui lui abandonnais mon tableau!

(Le cortége se met en marche et fait le tour du théâtre.)

REPRISE DU CHOEUR.

Honneur au grand artiste, etc.

RIGAUD, s'avançant et arrêtant le cortége au moment où il va pour sortir.

Halte-là! puisque M. Croûton manque à sa parole je me trouve dégagé de la mienne... (Elevant la voix.) La Danaé n'est pas de lui!...

TOUS.

Oh!..　　　　　　　　(On laisse tomber Croûton à terre.)

RIGAUD.

Elle est de moi.

TOUS.

Ah!

CROUTON.

Tout ça n'est pas encore prouvé! mais enfin... quand bien même... ma fille n'en est pas moins le vrai modèle!

SCENE XXIII.

LES MÊMES, FIFINE.

FIFINE, accourant.

Voilà, voilà le modèle demandé!

TOUS, excepté Stupidorff.

Fifine!

STUPIDORFF, reculant.

Qu'est-ce que c'est que ça?

FIFINE.

Votre Danaé, mon prince... j'ai lu l'annonce dans les PETITES-AFFICHES, et je viens toucher la récompense honnête.

STUPIDORFF, stupéfait.

Comment! ce n'est pas elle, que?...　　　　　　(Il montre Esther.)

FIFINE.

Non, mon prince... demandez plutôt à M. Rigaud.

STUPIDORFF, montrant Croûton.

Et ce n'est pas lui, qui?..

FIFINE.

Non, mon prince... demandez encore à M. Rigaud.

STUPIDORFF.

Et c'est vous que?... breck!!!

CROUTON, à part.

Je suis enfoncé dans le troisième dessous.

FIFINE.

M. Stupidorff, je me suis laissé dire que vous étiez dans l'intention d'épouser le joli modèle?

STUPIDORFF.

Breck!.. je n'ai pas dit ça. (Tirant un papier de sa poche.) Tenez, voilà un bon de dix mille francs, payable à la maison Blanche, et que je ne vous revoie plus!

FIFINE, prenant le papier.

Vous êtes trop honnête, M. Stupidorff.

STUPIDORFF, troublé.

Et j'épouse toujours la ravissante Esther, et j'emmène avec moi monsieur Croûton!

CROUTON, à part.

Se pourrait-il?.. je surnage!

STUPIDORFF.

Et je vous emmène tous, tous... et j'achète tous vos tableaux... Qu'est-ce qui a des tableaux à vendre? je ne marchande pas... un million, deux millions, trois millions.

CROUTON.

Oh! le grand prince!

SCÈNE XXIV.

Les Mêmes, un Domestique, qui guettait dans le fond.

LE DOMESTIQUE, à Stupidorff, à mi-voix.

Monsieur?... il est l'heure de rentrer.

STUPIDORFF, changeant de ton.

Ah! oui, oui... adieu, tout le monde... adieu! adieu!

(Il sort en faisant des signes de tête.)

CROUTON, courant après lui.

Où allez-vous donc, mon prince?

LE DOMESTIQUE, le retenant.

Chut!.. c'est un fou!

TOUS.

Un fou!

CROUTON, effrayé.

Un fou!

LE DOMESTIQUE.

N'ayez pas peur, c'est un fou paisible... (En confidence.) On l'a interdit parce qu'il se ruinait en tableaux; il a la monomanie des croûtes.

STUPIDORFF, rentrant.

Je vais acheter la moitié du Salon!... et je reviendrai à la prochaine exposition pour voir si la peinture continue à faire des progrès dans ce genre-là... (A Croûton.) Breck!

CROUTON.

C'est convenu.

STUPIDORFF, au domestique.

Allons chez le docteur Blanche!

CROUTON.

Ah! oui, la maison Blanche.   (Stupidorff sort avec le domestique.)

SCÉNE XXV.

Les Mêmes, excepté STUPIDORFF et le Domestique.

RIGAUD.

Faisons la paix, M. Croûton.

CROUTON.

Vous! ma fille, imposteur!.. jamais. Elle revient à Colibri... l'artiste n'a qu'une sa parole.

COLIBRI.

Bravo, bourgeois, je vous reconnais là! et pour vexer les malins, nous allons nous remettre d'arrache-pied à nos peintures en plein-vent... faut terminer sur-le-champ vos forges de Vulcain, pour le quincaillier du coin de la rue, qui vous a demandé une enseigne.

CROUTON.

Une enseigne! Colibri, je la garde pour le Salon de 1838.

CHOEUR.

Honneur au grand artiste,
Honneur, cent fois honneur!
Croûton, rien ne résiste,
A ton talent vainqueur.

CROUTON, au public

Air de la Ballade.

Puisque de mes tableaux d'histoire
Décidément l'on ne veut pas,
Je vais, dans l'intérêt d' ma gloire,
En revenir à mes pauvr's bras.

Croûton   4

> J' vas mettr' la main à d' nouveaux bras :
> Mais faut du neuf, et j'imagine,
> Pour vous l'exposer tous les soirs,
> Un genr' de bras qui se termine,
> Au lieu de mains, par des battoirs. (bis.)

De beaux battoirs... des énormes battoirs... j'en veux peindre douze ou quinze cents sur une grande toile. applaudissant... claquant, tapant... comme dans un bateau de blanchisseuses. (Il fait le geste d'applaudir.) Eh puis ! si vous étiez bien gentils, ça pourrait servir d'enseigne au théâtre des Variétés... Ah ! c'est pour le coup que ça me tortillerait la figure, quand je parlerais de la peinture, et que je m'écrirais avec l'accent de l'enthousiasme et de l'amour-propre satisfait :

> Superbe art, art fameux !
> Tu me mets tout en feux, (bis.)
> Depuis la plant' des pieds, jusqu'à la point' des ch'veux

REPRISE DU CHŒUR.

> Honneur au grand artiste, etc.

FIN.